청영에서 부는 바람

윤예주 시집

시와사람

국립중앙도서관 출판시도서목록(CIP)

청영에서 부는 바람 : 윤예주 시집 / 지은이: 윤예주.
-- 광 주 : 시와사람, 2014
p. ; cm. -- (시와사람 서정시선 ; 041)

ISBN 978-89-5665-413-3 03810 : ₩10000

한국 현대시[韓國現代詩]

811.7-KDC5
895.715-DDC21 CIP2014031541

청영에서 부는 바람

나팔꽃 사랑.

내게도
작은 텃밭 하나 있다면
그대 위해 나팔꽃 씨를
심겠습니다.

메마른 텃밭
젖은 가슴으로
보랏빛 한 송이 나팔꽃을 피워
새벽같이 꽃나팔로
그대의 아침을 깨우고

어스름 땅거미 내려지는 날.
눈물겨운 하루살이
내 운명의 노래
마음껏 부르렵니다.

별빛 스치는 밤
그리움의 편지 한 장 그대
창가에 걸어두고,

■시인의 말

나, 걸어온 이순의 길
그 길은 이정표도 없었고
좌표조차도 없는 오로지
낯선 길이었다.

어느 지도에도
없는 길에서
몸 전체가 눈이 되고 귀가 되어
내달려온 길이다

한줌 바람과

햇볕과

한 모금의 물로 온 몸 불태우며

진한 감동과 격정을 쏟아

걸어온 길

그 길에

한 세월을 달려온

부끄러운 마음 내려놓으려니

뒤가 보인다.

윤예주

차 례

2 아버지의 밥상

3 청영에 오면

4 가을 테라스 풍경

5 차창에 비친 겨울 풍경

1

외딴집에 저녁이 들면

마늘을 까면서

마늘을 까기 위해
물에 하루쯤 푹 담갔다 꺼냈다

수장되어 있던 놈들
껍질을 한 겹 한 겹 벗길 때마다
하얀 속살로 웃는다

웅기웅기 맨얼굴로
제 몸을 부비며 옹알거리는 모습 좀 봐
때깔 고운 피부에
윤기가 자르르 흐른다

방금 목욕하고 나와
온몸에 진한 향수를 바른 놈들
무슨 할 말이 있는지 시끄럽다

마늘 까는 밤,
달빛 넘나드는 대소쿠리에
어머니의 젖은 손이 어슴푸레 보인다.

금낭화

수많은 밤을 새워 만든 복주머니
대롱대롱 내 걸었더니
왜, 빈 바람만 들락거리는가

정에 목말라
따뜻한 마음 넣어줄까 기다렸는데
왜, 이렇게 가슴만 타는지

해는 뉘엿뉘엿 고개 넘어가는데
가냘픈 어깨는
어찌 밤을 홀로 지새워야 할 것인가

이제, 메마른 마음 밭
그대 순종하는 마음 다독이며
주홍빛 꿈을 꾸어야겠다

여린 삼색 빈 주머니
내 걸어놓고.

외딴집에 저녁이 들면

산등성이 늘어진
외딴집에
하얀 연기 피어오른다

바람도 없는지
곧게 피어오르는 저 연기 좀 봐
저녁 시간은 아직 멀었는데
웬 연기가 필까

산 그림자
제 발아래서 놀고 있는데
할머니 혼자 사는 집인지
벌써 퇴창문에 불빛이 스민다

가을이 저무는 저녁
외딴집에 어둠이 들면
할머니의 지독한 외로움이
굳어버린 찰떡처럼
긴긴밤을 또 뒤척일 것이다.

코스모스 연가

쓸쓸한 도시의 텃밭에서
홀로 옷깃을 세운 코스모스를 본다

정정한 하늘가에
낮 뜨거운 햇살이 통통 튀는 시간마다
한들한들 춤추는
여섯 꽃잎의 황홀경

낯선 이방인들 앞에서도 결코
웃음을 잃지 않는
가냘픈 미소며

스산한 계절 앞에서도 끝내
여린 자태는
누구를 닮았기에 저리도
아름다울까

애증의 가을 강을
서둘러 건너가는 바람 앞에서도
한사코 손사래 치는 여인.

개펄은 살아야 한다

개펄은 지구상에 남은
마지막 황금들판이다

그 언젠가 거대한 공룡도 떠나버린
보이는 것 아무것도 없는 허허로운
검은 땅이라 하지만

이제는 더 이상 함부로 삽질하지 마라
또한 죽은 땅이라고 뒤엎지도 마라
수많은 생명들이 살아 숨 쉬는 소리
쩌렁쩌렁 들리지 않는가

때때로 들물과 날물이 포옹을 하고
조개와 낙지 그리고 짱뚱어들이 뛰노는
거대한 바다목장이며 삶의 터전이다

우리가 지키고 안아야 할
이 세상 마지막 남은 생명의 땅
해마다 풍년이 드는 어머니의 품이다.

오동도의 밤

4월의 노래 속
오동도의 동백나무는
해마다 색색의 나비들을 불러 모아
봄의 축제를 연다

밤이면 달빛 사이로
가슴의 옷고름 풀고서
바다에서 퍼 올린 갯냄새를
하늘 높이 토해 낸다

그래서 오동도 동백나무는
그만 나비의 춤사위에 취했을까
까만 눈동자마다 주렁주렁
사랑의 꽃등을 단다

4월,
오동도의 밤
동백나무 어깨위로 별빛이 스민다.

봄의 단상(斷想)

그저 쪼그려 앉아
스멀스멀 다가오는 널 기다렸다

발목이 잘려나간 그루터기
텅 빈 들녘의 공허한 이랑을 지나
이름도 없는 언덕을 향하는 계절의 향기

먼 산은 초록으로 다가오고
봇도랑물소리 콜콜 봄으로 가는 길목에
겨울 강 건너온 매화나무
새하얀 함성으로 일어신다

그리하여 풋내 나는 여린 향기
잔잔히 흐르는 저문 강물에 젖어들 때면
시름에 들었던 얼굴마다 희망의 꽃이 핀다

그때쯤, 내 고향 섬진강의 야윈 어깨에도
돌아온 계절의 향기가
바람처럼 일어날 것이다.

길, 그 청영으로

청영에 오면 길이 보인다

망태봉 아래
깊고, 넓은
자연으로 돌아가는 길

이 세상 마지막 남은 순수 그대로인
청영골,
학의 날갯짓 차오르고
유성의 잔영 흐드러지게 쏟아져 내리는

무등을 안고
너릿재 영마루 넘어오면
청영으로 가는 길이 보이는데

그곳은
자연의 유산이 그대로 살아있는
때 묻지 않은 꿈의 궁전이다.

순천만, 노을에 젖다

맨발로 서 있는 갈대에서
갯내음이 난다

사시사철 펴 올리는 향수에
세상사는 이야기가 매달려있고
산등성이에 걸친 저녁 해가
지쳐 아른 거린다

갯내음의 갈대도 바람을 만나
신바람이 났는지
악보도 없이
소나타를 연주하는데

노을 든 하늘가
밤으로 가는 길목에
해묵은 발걸음 다 떠나고 없는
순천만은

갈대도 숨죽여
적막 속으로 뛰어들 준비 중이다.

어머니 만나고 오는 길에서

의식의 마지막 사랑마저
끝내 전해주지 못하는 영혼 앞에
되돌릴 수 없는 세월이
물안개 같다

굽은 허리며 깊이 파인 얼굴과
소나무껍질 같은 손등을 보니
학 다리가 된 아랫도리가 흔들거린다

차라리 만나지나 말 것을
그렇다면 아픔도 없었을 터인데
아니 그리움만 쌓였을 터인데

먼 먼 가슴앓이로 남아
이렇게 얼굴만 보고 돌아오는 길에
눈물이 발목을 잡는다

불쑥, 정수리를 찌르는 송곳 하나.

명성산에서

울먹이는 네 목소리를 듣는다

잔잔한 숨결 너머
아득히 먼 그리움으로 훔치는 눈물은
목이 메이는 안타까움일까

이유도 없이
이 가을에 쏟아지는 시린 눈물의
속사연을 누가 알까만 이제는
그 눈물 거두어 다오

살다보면 야속한 일이야 어찌 없을 건가
이 세상 아픔 없는 가슴이
어디에 또 있으랴

네가 우는 날은
야윈 어깨도 먹구름 낀 하루였단다
이제는 그 눈물 거두어다오
바람결에 스물 셋 억새의 고운 머릿결이
젖을까 두렵구나.

가을

풍요가 춤을 춥니다
지나가던 참새도 웃기만 한다
가을 논 앞에서는
밥을 먹지 않아도 배가 부르다

햇살이 푸지도록 맑은 날
감사의 마음도 고봉의 밥그릇이며
바람도 그냥 지나가지 않고
길을 내고 있다

아랫마을 김 영감의 저린 어깨도 다독이며
밤이 되면 초생달도 배를 채우려 한다
어둠이 깊어 가면 깊어갈수록
마음은 풍요의 잠에 취한다

이제 텅 빈 가슴에도
가을 논처럼 풍요로 가득 채우고 싶다
햇살과 한줌 바람에도
감사함이 넘치도록.

가을비 오는 날은

아직도
그리움은 죽지 않았다.

비가 오는 날
그대에게로 가는 길은 알지 못하는데
왜, 이렇게 그리움이 앞설까

마음까지 보고픔에 흠뻑 취해
쓰러진 술병처럼 뒹구는데
생각은 심장이 멈춰 설 때까지
한 발 앞서 가려는지

그대에게로 가는 길에
가을비가 내린다
그리움이 내린다.

마상재의 추억

저수지 둑을 걸어가는 땅거미 앞에
바지게 지고 가던 든든한 어깨는
늘 마른나무였다

마상고개,
거기엔 희망과 꿈이 있었고
어머니 가슴 같은 포근한 온기가 서려있어
하루에도 수없이 넘었다

어느 세월부터인가
네 슬픈 어깨 싹둑 잘려나간 자리에
4차선 아스팔트의 질주가 시작되었는데

잘린 상처 사이로
끝내 털어내지 못한 추억 하나가
지그시 눈에 밟히는구나
아직도
작은 꿈 남아있는데.

*마상재 : 전남 광양시 진월면에서 포스코로 가는 고갯길

춘산(春山)

먼동을 걸머지고 산을 오른다

연둣빛 용트림에
피어오르는 산안개도 온몸을 휘감는다
겨울잠 털고 일어난 산,

다시 하얀 면사포를 쓰고
투명한 생명수를 토해내는 산은
죽었다고 말하지만 살아있다

조그마한 흔들림도 없이
수많은 발자국에 짓이겨진 상처투성이
그러나 안으로, 안으로
꿈을 키우고 있다

그 꿈이 빨갛게 꽃으로 피어오르는 날
산은 또 신열을 앓을 것이다.

2

아버지의 밥상

비와 청개구리

묘한 일이다.
비만 내리면 왜 가슴이 뛰는지
굳이 하늘을 올려보지 않았는데도
가슴이 뛰는지,
소나기 내리는 날이면
가슴 터질 듯 청개구리의 원혼소리가
냇가에 넘친다
서천에 묻혀버린
청개구리의 울부짖는 마음을
누가 알까
비가 내리면
전설처럼 불안을 메고 사는
서천가 사람들의 애끓는 마음도
청개구리 같을진대
냇물 따라 조용히 흘러가는
애간장 녹아내린 눈물
그만 통곡의 제방을 훌쩍 넘는다.

고향집

그래도 다행히
부쳐먹을 한 뼘의 땅이 있어
오랜 가뭄과 흉년이 들었어도
배고픔은 참을만 했다
금방이라도 쓰러질 듯한 정지문턱 넘어
내친 바람이라도 드는 밤이면
시린 어깨가 삐걱거리고
지천에 개구리 울음소리와
대숲바람의 깊은 외로움 속에서도
나는 그 집에서
소쩍새 친구삼아 이십여 년을 살았다
이른 봄, 마상고개 너머
고랑밭 쳐서 만든 다랑이 밭뙈기에
고구마, 감자, 고추를 심고
콧노래로 한나절을 흥얼거리며
정을 붙이고 살던 집
나 그 집으로 돌아가
이슬 젖은 들꽃처럼 살고 싶지만
이제는 너무 멀리 떠나 돌아갈 수 없다.

고향의 향기

유년시절 뒤돌아보면
그때 입었던
거추장스러웠던 헐렁한 무명바지에
달음질 치던 땀내음이
배어있다

가을이 오면
작은 들판에 벼 익는 냄새가 진동을 했고
허기진 배는
바람 든 풍선처럼 불렀다

넘칠 듯 가득한 저수지 물목 위로
흘러가는 구름을 보면서도
가슴이 설레여
크렁크렁 눈물이 고일 때도 있었다

오늘, 그 길에서
유년의 벼 익는 향기를 맛본다
마른 가슴으로 들어오는

벼 익는 냄새,

가을마다
늘 풍요가 출렁거리던 고향은
예나 지금이나
그리움의 한 조각이다.

남이섬에서

수반 위의 섬이라 했다
출렁이는 강물 위에 떠 있는
고요의 섬

강마루 사잇길마다 청솔모 뛰놀고
연인들은 연인들끼리 탱탱한 가슴마다
사랑의 꽃 피우고 있다

뱃길 따라 아련한 사연은 넘쳐나고
겨울연가의 뜨거운 사랑의 열기
송이송이 꽃피는 작은 섬,

나, 이 섬에서 알밤 같은 사랑을 줍는다
따뜻한 섬 하나
가슴에 품고.

취밭목산장

5월의 취밭은
깊은 잠에 빠진 겨울바다

낮은 계곡은 연둣빛으로 물들고
하늘은 별들만 가득한데
아직도 취밭은
깊은 잠에 빠진 겨울공화국

지금 지상의 봄은 먼 기지개 켜고
춤추는 초록바다라 아우성인데
취밭의 가슴은 미동도 없다

해발 1,425미터,
5월의 취밭목산장은 잔설 속
꺼진 화롯불만
밤새도록 다독이는데,

*취밭목산장 : 지리산 산악대피소의 이름

송엽국(松葉菊) 마음

꽃이 웃는다

푸른 날개 달고
하늘 끝 바람에 야윈 몸 맡긴 채
빨갛게 웃고 있는
미소

작은 동산에서
너울너울 춤추며 바라보는 모습에서도
네 이름을 알기 전까지는
나에게 보내는 눈빛인줄 미처 몰랐다

달빛 젖은 밤이면
꽃 문을 굳게 닫고
안타까움에 지그시 눈감은 모습도
나에게 보내는 사랑의 메시지라는 걸
지금까지도 몰랐다
바보처럼.

* 송엽국 : 서양 채송화 꽃 이름

겨울밤, 그 긴 시간 속

깊은 겨울밤
하루의 고갯마루에 바람의
낙엽 쓸어내는 소리 시끌벅적하다

왜 그 길모퉁이엔
가로등만 맨몸으로 막고 섰을까
칠흑 같은 어둠과 싸우다
몽롱해진 가로등,

의식이 있는 건지
없는 건지
한참을 지난 시간인데도
두 눈만 껌벅거릴 뿐 말이 없는데

잠들지 못하는 가로등은
무슨 잘못이라도 있다는 건가
야윈 가슴팍 확 열어
칼바람이라도 끌어안아볼까.

칠면초(七面草)의 유혹

내 안의 불꽃이었다

아니 일 년에
여섯 번의 성형수술을 하고도 모자라
마지막 꽃불을 지피며
노을 지는 순천만에서
누굴 유혹하려는 몸짓인가

새빨간 속살 다 내어놓고
아슬아슬 불춤을 추는 황홀한 자태
유혹의 손길 뻗어도 마음 줄 수 없다

이제 유혹에 넘어가지 않을 것이다
너의 황홀한 손짓에
잠시 불꽃이 일었을 뿐
더 이상의 마음은 없다

초록 갈대의 몸짓에도
한 눈 팔지 않았거늘

번번이 벌겋게 성형수술 하는 널 누가
사랑한다 말할 수 있겠는가

그러니
우리 그냥
가슴 없는 눈 먼 새로 살자.

소리도의 비밀

– 연도

오래된 비밀이 있었을까
이악한 파도가 수 없이 내리쳐도
거대한 육신은 끝내 말이 없다

제 가슴이 숭숭 구멍이 나도
그저 입술만 깨문 채
말이 없는데 무슨 비밀이 있었을까

억겁의 세월
양 볼이 다 터지도록 얻어맞고서도
말이 없는 섬에 물바람이 분다

파도가 어슬렁거리며 달려들어도
섬은 겁이 없다
새소리와 바람소리, 파도소리만
여울지는 은막의 섬.

* 소리도; 여수시 삼산면에 있는 섬

가을 잎새

이른 봄
사랑이 내게도 왔다.

왈칵 끌어안고
한동안 놓아주지 않았다

땡볕의 열기가
모든 것을 거두어가도
놓아주지 않았다

보낼 수 없는 사랑 하나

칠흑 같은 어둠과
바람을 이겨내고 얼마쯤 지났을까

살며시 놓아주자
잎새 하나
내 앞에 뚝 떨어진다.

아버지의 밥상

의식의 길 다 가지 못하시고
도중하차한 인생,
아직도 그 길목에서
헛기침 해대는 당신이 보입니다

조금 더 가야할 길을 앞에 두고
길을 버린 그 길엔
밤안개 자욱하게 피어오를까요
요동치던 물길도 당신은 거뜬히 건너왔는데,
더 큰 세상에서
부활의 꿈, 이루려는 선가요

어젯밤
온기없는 밥상머리엔
칠흑 같은 어둠과 마파람을 이겨낸
그림자만 있고
당신은 끝내 보이지 않더이다

삼경 지난 시간에도
빈 바람만
당신의 온기 떠난
밥상머리만 더듬고 있었습니다.

세상에 쓸모없는 나무는 없다

하늘이 그리운 날에는
하얀 꽃이 핀다

산에도 들에도
무등산 중머릿재 쓸모없는 나뭇가지에도
새하얀 겨울꽃이 핀다

밤새도록 하얀 순결로 피워낸
눈부신 꽃들 절창인데
나뭇가지마다
송이송이 그리움으로 피어나는데,
누가 저 나무들을 미워할 수 있을까
어느 누가 쓸모없는 나무라 말할 수 있을까
세상에 버릴 것 하나 없는
나무,

슬프디슬픈 날에는
가지마다 서러운 눈물꽃을 피우는가.

비비추 사랑

수없는 세월이 흘렀어도
잊혀지지 않는 사람의 그리움일까
아직도 보고 싶은 욕망 때문에
까치발로 서서 끝내 시선을 돌리지 못하는
안타까움,
그 사람은 알기나 할까
스치고 지나가버린 인연들 사이로
지울 수 없는 그리움 때문에
유월의 창을 열고
촉촉이 젖은 청치마자락 눈물 훔치는데
하늘이 맺어준 인연 어찌 잊을까
그래도 흐려진 시야에
그 사람 얼굴이 더욱 선명해
하루 또 하루
이렇게 기다리는데.

*비비추 : 야생화 꽃 이름

3

청영에 오면

청영(鶄鴒)에 오면

鶄鴒에 오면
백로들이 날아드는 이유를 안다

사계절 푸른 솔향기 피고
석양 노을은 붉어
백로들의 날개 속에
풋풋한 행복의 꽃이 피는 것을

鶄鴒에 오면은
하늘의 뜬구름 조각들 모여들고
손과 손을 잡아보면
촉촉한 온기와 애정이 멍울멍울 전해오는 걸
느낄 거다

아침이면
꿈을 안고 비상하는 새들의 날갯짓과
이름 없는 꽃들마다
싱싱한 향기 피워내 어우러지고

연리지처럼 서로 보듬고 하나 되어
한겨울도 뜨겁다는 걸 알거다

그리하여
鶄鴒의 하늘에
행복의 꽃 하나씩 피워낼 거다.

* 청영 : 전남 화순군 이양면에 있는 마을이름

화포에는 밤마다 꽃이 핀다

고단한 하루를 걸머지고 온
텅 빈 포구엔
밤마다 시들지 않는 꽃이 핀다.

게으른 달빛이 포구에 들고
오랜 세월의 어깨에 소금기 털어낸 부리로
사랑의 꽃망울을 틔우면
포구는 갈기 세운 가쁜 숨결로
밤 이슥토록 바다를 불러 쫑알거리다
수척해진 갈대꽃머리 물안개 걷어내고
아득히 멀어져간
또 다른 그리움의 꽃을 피운다

보라,
해거름 진 포구의 밤
여기에 집집마다
단내 나는 옛이야기 출렁거리는 것과
꽃이 피는 것을.

* 화포 : 전남 순천시 별양면의 마을이름(순천만을 접함)

사랑의 매맛

유년시절 어느 날
기대에 못 미치는 얼빠진 성적 때문에
종아리는 터질 듯 아팠고
두 눈엔 수없이 별이 뜨고 지는 걸 보았다
이건 사랑의 매맛이다
그때 맞은 건 나였는데, 왜
회초리를 든 어머니는 눈물을 울컥 삼키셨는지
나는 미처 몰랐다
맞는 것 보다 때리는 것이 더 아픈 어머니의 마음을
자식을 두고서야 뒤늦게 알았다
아픈 건 나였는데
눈시울 붉히셨던 어머니
그때 난 정말
왜 어머니가 눈물짓는지 몰랐다
사랑의 매는
맞는 것 보다 때리는 사람이
더 아프다는 것을.

끝내 하지 못한 말

푸르디푸른 나뭇잎 위로
햇살의 사랑이 가득히 내리고
지나가는 바람은 바람대로
향긋한 미소를 보내는데 허구한 날 나는
입을 가지고도 가슴속에 묻어둔
사랑한다는 말 한 마디
토해내지 못했다

그저
가슴속 깊이깊이 묻어둬도
곰삭은 그 맛을 다 알거라고
꼭꼭 묻어둔 채
끝내 하지 못했다

고달픈 세월의 갈피마다
마지막 토해내지 못한 그 말,
무심한 달빛에 만지작 만지작거리면서도
삼십 년이 지난 오늘 밤까지도
꺼내지 못했다

나는 아직
햇살보다, 한줌 바람보다 못한
우둔한 비목일까.

끈질긴 야성

초하(初夏)의 장맛비 발등을 촉촉이 적시면
척박한 울밑에
잡초는 소리 없이 때를 만난 듯
제 키를 키운다

햇살도 없이
그저 차돌처럼 굳어진 한 줌
마른 흙을 틀어잡고
끈질기게 버티어 푸르게 일어선다

내 구릿빛 손을 내밀자
온몸으로 저항하며
끝내 제 목숨 함부로 내놓지 않는다

뼈와 살이 타는
그 뜨거운 뙤약볕 아래서도
포기하지 않는 생명의 야성은 어디서 오는가

죽어서도 결코 죽지 않는
질기디질긴 생명력으로 살아가는
애절한 삶의 몸부림
지구 끝자락 어디쯤에서 한여름을
건너가고 있다.

나팔꽃 2

어둑한 새벽
촉촉한 입술로 나팔 부는
여인아
밤이면 밤마다
외로움에 눈물로 지새운다더니
소리 소문도 없이
남몰래 은밀한 사랑을 맛보았느냐
보랏빛 미소로 새벽나팔 불어대는
저, 황홀한 자태
그러나
끝내 하루도 건너뛰지 못하는
덧없는 한나절의 사랑, 이제는 보기 싫다
초라한 얼굴이라도 좋고
새벽나팔 불지 않아도 좋으니
이제는, 광풍 불어도
결코 시들지 않는
영원한 사랑으로 일어서라.

새벽향기와 함께 시작하는 하루

적막 속에서도
조용히 귀 기울여보면
대지의 박동소리 우렁차게 들려오고
들꽃의 노랫소리 아침이슬에 촉촉이 젖는다
나, 이제서야
자연 속 그 향기 어렵사리 찾았으니
갈등과 고뇌 훌훌 털어내고도
어찌 만족하지 않으리
바람결에 들려오는 신 새벽 나팔소리가
잠깨고 일어나 시작하는 하루 앞에
희망으로 넘쳐나니
이 또한 행복이 따로 없는 것 아닌가
하여, 하루의 문을 열고
깊은 자연의 숨결에 뛰어들어
이곳에 천하의 꿈을 높이 세우고
펼칠 일만 남았을 뿐이다.

쌍봉사에 가면

천년고찰 뒷산에
두 마리의 사자가 범종을 내려치면
극락전 상사화여인이 가만가만
옷을 벗더라

이때
따끈따끈한 햇살 앞에
두 눈 지그시 감고 있던 모과도
푸른 두 주먹 불끈 쥐고 입술을 앙다문 채
광풍마저 잠재운다

어둡던
세월의 온갖 풍상을 다 아는 단풍나무
무상(無想)의 붉은 깃을
세우며 웃는다

한낮 비낀 쌍봉사
산 그림자 저물녘 고요에 들면

낮은 곳으로 흘러 영혼을 씻는
도랑물소리
지나온 세월 속 번뇌와 고통과 욕심까지
모두 털어내라 등을 떼민다

깊어가는 가을 밤
쌍봉사에 가면
해탈의 소리 낙엽처럼 쌓이고.

*쌍봉사 : 전남 화순군 이양면에 있는 절

홍매화(紅梅花)

잿빛 하늘을
머리에 이고서도
진홍빛 젖무덤을 풀어헤친 너는
정열의 여인

겨우내
잠들었던 세상 끝에
봄을 메고 온 전령사처럼
곱게 단장하고

천하일색
환상적인 춤을 추며
애욕의 눈길을 혼자 독차지 하더니

수줍은 홍안으로
고개 숙인 채
오늘도 어김없이
길손을 유혹하는 꿈을 꾼다.

청영(鶄鴒), 너에게 잠들다

서걱대는 쟁기질 소리와
귀뚜라미 빔이슬 마서가며
목청 다듬던 다랑이에
작은 막살이 집을 지어 사니
날마다 새들의 노랫소리 깃들고
바람 타는 구름도 손에 잡힐 듯 낮게 엎드린다
보아라, 여기
세상이 처음 열릴 때도 그러했듯이
눈앞의 은목서가 꽃을 피우면
앞산도 초록들녘도 온통
저녁놀을 깔고 앉아 하루를 다독이더라
가을이면 너울거리는 들바람
풀숲 눕히는 청영이라
둘이라면 비록
달팽이의 곡간은 허전해도 좋다
오직 무(無)로 가는 길 뿐인데
이제는 달밤 메고 산하(山河)를 벗 삼아
끝내 감추어둔 마지막
청정한 자유의 꿈을 여기서 펼치리라.

나무는 내일을 염려하지 않는다

키 큰 나무는
한 뼘의 제 땅을 작은 나무에게 내어주고
때론 사람들에게 허허한 어깨와 가슴까지도
다 내어줄 줄 안다

나무는 나무끼리 숲으로 살고
나무는 나무끼리 어깨동무하며 산다

한낮엔 그늘을
한밤엔 바람의 노래 부르고
이름 없는 잡초까지
온몸으로 감싸 안아줄 줄도 안다

죽어서도 끝내
제 몸 불태워질 것을 뻔히 알면서도
내일을 염려하지 않는 나무

지금도 무등산에서
그 순수의 마음을 키우고 있다.

5월, 망월동의 찔레꽃

망월동은
하얀 찔레꽃이 필 때마다
울음바다가 된다
30여 년이 지나 삭아버렸을 만도 한데
찔레꽃 가슴마다 피멍든 자국들
도져오는 그 5월의 아픔으로 하얗게 피었다
산자락마다 이미 말라버린 눈물과
치유될 수 없는 상처가 공존하는 땅
망월동,
용서하란다. 그러나
처절하게 짓밟힌 감정들이
수많은 사람들의 기억 속에 깊이 묻혀있어
결코 용서는 아니란다
그럴수록 주저앉을 수 없었던 함성들이 불끈
두 주먹 쥐고 또 일어선다
해마다 열병이 도져오는
망월동의 5월은
소복 입은 찔레가 되고
찔레는 하얀 소복 입은 여인이 된다.

장작을 패면서

번쩍이는 도끼날에
온 힘을 쥐어짜 힘껏 내리쳐본다

졸지에 날벼락 맞는 놈들
그만 새 하얀 속살을
다 내어 놓는다

어떤 놈들은
검붉은 속살이 수직으로 갈라져도
오징어 살같이 생살이 찢어져도
끝내 피 한 방울
흘리지 않는 육신도 있다

그러나
생살사이로 살아온 세월과 눈물이 흘러내린다
후끈후끈 구들장 지필 힘으로
살아 제 몫 다할 거라고
웅알거리기도 한다

장작은 마지막 육신까지 태워가면서도
끝내 누구에게도
원망하지 않는 생의 불꽃을
노을처럼 태울 것이다.

상사화, 그 애련한

부질없는
기다림은 끝나지 않았는데
같이 할 수 없다하여
어찌 마음조차 없으련가

기다리다 지쳐
귀 먹고 눈 먼 사랑이라 노래하지만
야속하게도
노을이 그 자리 깔고 앉아
짝사랑 하는 구나

새하얀 밤이면
사랑을 더듬는 촉촉한 손길이
왜 저리도 떨릴까

초록이 가득한 계절에 연분홍
그리움으로 서서
끝내 숨기지 않는 살빛 고운
사랑을 꿈꾸는

공룡, 그들은 살아있다

- 여수 사도에서

마지막
지구를 떠나버린 공룡은
어디서 살고 있을까
내 어머니 열두 치마폭처럼
포근한 섬을
살아 생이별한 놈들

일 년에 한두 번 섬과 섬이
두 손 맞잡을 수 있을 뿐이지만
그래도 희망이 있는 섬과 섬이다

통곡의 파도가 건져올린 공룡 앞에
억겁의 세월이 물이 되어 지금 서있는
내 발등을 씻는다

어부들의 삶의 터전인 사도에
아직도 살아있는 한 마리 공룡의 입김이
차디 찬 바다를 따뜻이 지피고 있다.

변산 해수욕장에서
- 바닷바람을 만나다

얼마 만에 만난 것이냐
향긋한 너의 향기,

이미 잃어버린 지 오랜
오늘은 네가
노을 진 바다 끝에서
숨차게 달려와 주는
깊은 정(情)이 가슴을 치는 구나

그렇지만
힘없는 어깨는 시공을 넘어 축 늘어져있다
어찌할 거냐
다만 너를 만나보니
이미 덧없이 흘러가버린 세월이
아플 뿐이다

이제는
훌쩍 지나와 버린 세월의 길 위에

잠시 서로를 내려놓고
못다 이룬 꿈을 위해
노을빛 가슴마다 뜨거운 피를 섞어보자
그 옛날처럼.

보름달과 라브리

라브리의 색소폰소리 애잔히 울려 퍼지면
어김없이
가을 저녁하늘엔
넉넉한 보름달이 뜬다

휘영청 밝은 보름달이
흐린 유리창의 어둠을 닦아낼 때면
적막에 쌓였던
화포 앞 밤바다가 출렁이고

격랑을 헤쳐 온 젖은 눈동자마다
간간히 시선을 맞추며
파도소리 깔고 앉아
저마다 저문
행복의 꽃을 피우고 있다

라브리의 밤,
그 달빛 가득 고이던 날

소금절인 한 편의 시(詩)가
한 마리 학이 되어
찻잔 속을 기웃거리고 있다.

*라브리 : 전남 순천시 별량면 화포에 있는 카페

강(江)

하나의 물방울이
낮은 곳으로 모여 사는 삶
흐르는 것을 운명처럼 여기며
허리춤 묶어 은밀한 곳으로 흐른다

옹달샘에서
봇도랑에서 한 방울의 물로 처음 시작하여
거대한 둑을 타고 간다
끈 하나 없이도 큰 바다를 향한
소박한 몸짓,

흐르며 부르는 노래는
하늘의 물새들 부르는 소릴까
아니면 행복에 겨워 추는 몸짓일까
모였다, 흩어졌다 모이는 하나로 몸 섞어
흐르는 강, 때론
황톳빛 성난 야성으로
잔잔한 침묵의 여인으로도 흐른다

시원에서부터 그저 바다로의 꿈을 꾸며
갈증 난 사슴의 목을 적셔주고
쩍쩍 갈라진 땅의 가슴도 어루만져주는
자선냄비로 흘렀을 저 강을
우리 닮을 순 없을까

꽃무릇 2

그녀가 옷을 벗었다
벌건 대낮인데도
실오라기 하나 걸치지 않은 알몸으로
초연한 사랑을 위한 마지막 몸부림일까
일생 풀어내지 못한
그 슬픈 사랑 앞에
바람도
구름도
지그시 눈을 감는다
한낮
홀로 산고 끝에 피어올린
애련한 사랑이 저리도 고울까
일순간
바람이 그녀를 덮쳤다
파르르 떠는 가냘픈 몸매에는
미칠 듯 전율이 감돌고
뼈와 살이 녹는
불타는 사랑이 저녁놀처럼 붉다
하중(夏中)에 벌어지는
저 애련한 사랑 하나.

저녁놀 풍경

서걱대는 삽질소리와
풀벌레 밤이슬 마시며 목청 나듬던 자리에
작은 집 하나,
새들의 노랫소리 가득차고
구름도 서녘하늘에 잡힐 듯 낮게 엎드린
초저녁

눈앞에 핀 상사화의 꽃대궁이 붉다
누가 저 하늘에 불을 지피고 있을까
먼 산도 초록 들녘도 하루를 다독이는데

영혼의 마지막 안식처,
등 따습게 기댈 수 있는 막살이 처마 끝에
아직도 저녁놀이 놀고 있다

풋풋한 고향 소식을 싣고 달리는
눈앞의 긴 자동차 행렬도
오늘따라 바쁘다.

청영으로 오다

길은
이미 청영으로 나 있었다
이 밤
어둠의 골짜기에서
굽이치는 은하의 강을 따라
노저어가는 달에게
아침을 물어 청영으로 왔으니
헌 집 주고 새집을 얻어
여기에 머무를 꿈이로다
하여, 막소금 같은 눈발이 휘날려도
넉넉한 앞마당에
멧비둘기가 날고
갈 길 먼
칼바람 휘돌아 가도
연사흘 탱탱한 햇살 우레처럼 쏟아지는
에덴동산이 여기니
나 기어이
청영에서 푸른 그림자로 남아

바람 따라 젖어오는 향기
한 짐 풀어놓고
큰 바위처럼
남은 생
설설 더듬어 볼 일이다.

당신 생각

하얀 눈이 내리는 어둔 밤길
당신을 생각하니
내 마음에 은빛 향연이 일렁입니다
아침 여명이 펼쳐지지 않아도
그저 하루의 시작이 즐겁고
스쳐가는 당신의 눈길 하나이면
무엇이든 다 이룰 수 있습니다
당신의 향기만 있다면
이 겨울에 무엇이 더 필요할까요
당신과 함께하는 날은 진종일 비가 내려도
결코 외롭지 않고
어둠이 거치지 않아도
그리움은 없을 겁니다
먼 훗날 우리 함께 한 시간이 짧았다 해도
그 사랑의 향기는 세상 끝까지 영원할 겁니다
나,
한 마음으로
당신을 내 곁에 끝까지 묶어두렵니다
사랑이라는 이름으로.

4

노을에 비친 그대

노을에 비친 그대

구름무늬 사이
노을빛으로 오시는 그대
여릿여릿 다가오는 어둠사이로
희미한 얼굴 별처럼 선명한데

말하면 들릴 듯
부르면 달려올 듯
땅거미 마을로 내려들 때쯤
그대의 향기가 먼저와 쿡쿡
옆구리를 찌른다

묵은 세월 툭- 툭 털어내다 보면
이 그리움 지워질까
날이 저물도록
이 줄 당겨
그리움의 끝에 닿으면 알 수 있을까

부질없는 세월의 강(江)만
먼 어둠 속으로 속절없이 흐르고
그대는 아직도 그리움으로.

노을 속으로

한번은 태워볼 일이다

마지막 잎새들이 지고 있는 노을 속으로
가자,
마음에 덜어낼 것은 아무것도 없지만
채울 것 또한 없으니 저 불속으로 들어가
미처 태우지 못한 것은 영혼까지
한번 태워보자

그리하면
이 어깨 불새의 날개처럼 가벼워질까
푸른 잎을 두르고 있던 나무들
저마다 한 잎 한 잎 옷을 벗듯이

미로의 길,
무엇이 두려우랴
황홀한 시월의 밤하늘에
저리 순결한 마음 하나 불타고 있는데.

사랑한다는 말

푸른 나뭇잎 사이로
꽃들의 웃음소리 넘쳐나고
지나가는 바람은 바람대로
사랑한다고, 사랑한다고 말하는데
허구한 날
입을 가지고도
가슴속에 묻어둔 채 한 마디 토해내지 못했다

그저
가슴속 깊이깊이 묻어두어야만
곰삭은 향기로 피어오를 거라고
꼭꼭 숨겨둔 한 마디
끝내 토해내지 못했다

고달픈 세월의 갈피마다
빛바랜 사진처럼
무심한 달빛 아래서 만지작거리면서도
꺼내지도 못한

그 말 한 마디 때문에
나는 아직
꽃보다, 바람보다 못한
우둔한 비목으로 사는
어리석은.

늦은 가을 풍경

만삭이 된 가을의
짧은 하루해도
갈길 앞에 두고 서성이고 있다

칼이 되어 찾아온 바람은
옷깃을 파고들어
동행하자는데
어찌 매정하게 뿌리칠 수 있으리오

다 비워진 다랑이
빈 그루터기로 남아
햇살만 통통 뛰노는 한낮
기다렸다는 듯이
시간은 줄달음치고 있다

누구도 그려낼 수 없는 풍경을
가을은 오늘도 황톳빛 화선지에 그리고 있다
비운다는 것 또한
결코 쉬운 것은 아니지만

가을은
조용히 타오르는 모닥불에
저리 쉽게 제 몸을 내려놓고 있다.

가을, 테라스 풍경

저녁노을이 훤히 내려다보이는
테라스에 앉아
지는 해 바라보니
몽매한 하루가 저물고

29번 국도를 따라
세상의 고달픔을 메고 달리는
자동차의 긴 행렬에
녹차의 향기가 따라온다

11월의 허리쯤에서
전정가위 끝에 생을 의지하는 소나무들
눈치를 살필 때
감나무 우듬지에 붉은 잎새 하나
외로움에 떨고 있다

가을건이 끝난 쩍쩍 갈라진 논바닥에
한가로이 낟알 쪼던 산비둘기들
남산으로 깃을 내린다.

노인요양보호소

가을과 겨울의 경계에
소슬바람이 인다
이별의 엘리베이터 앞에
수없는 어둠이 오르내렸던 것처럼
그 흔들린 발자국 따라가면
일그러진 얼굴의 할머니들
어둠의 그림자 드리워진 병실 안에
헐떡이는 가슴과 동공 잃은 눈빛들 좀 봐
오지 않는 자식들 기다림의 시간을 계산하고 있다
새우처럼 굽은 허리에
게처럼 꺾어진 두 다리,
지상의 어느 별자리를 생각하고 있을까
한때는 푸른 세상에서
화려한 변신을 꿈꾸던 시절도 있었지만
이제는 잊혀진 먼 먼 옛이야기들 뿐
허름한 침대 모서리를 틀어잡고
새우잠을 자고 있다
앞뜰엔 휑한 바람 한 점
힘없는 낙엽을 쓸어가고 있다.

석류

여름 내내
청 갑옷 껴입고
속내를 숨기던 여자가 햇살의 사랑에
그만 가슴을 훌렁 열었다
한나절을 외쳐 불러도
울림조차 없는
어둠의 세상 안에서
본색을 감추던
그 여자,
손끝만 잡아도
봇물 터지듯 툭 - 툭 터질 것 같은
웅숭깊은 가슴에
불혹의 사랑이 숨어있을까
터진 가슴 사이로
꼭꼭 박힌 사념들이
침묵으로 보낸 시간만큼 상큼한
그 여자의 가슴에
옹알거리고 있다.

겨울 소나무

기름진 땅 마다하고
거친 흙 한줌에 뿌리를 내렸다
새벽 한파주의보 발령이다

그래선지
밤새도록 무서리 하얗게 내리고
무참한 바람 무섭게 내리쳐도
올곧은 푸른 정신으로 굳게 지킨, 한 생

어둑어둑 달빛 담아 빗은 푸른 머리
윤기 자르르 빛나는데
사계절 내내 한 뼘의 키를 키우기 위해
저리도 긴 겨울을 몇 번이나 돌아왔을까

비오면 비에 젖고
눈 오면 눈 다 받아 건너온
세월의 강
오늘도 제 키만큼 웅그려 앉은 채
생명의 봄을 꿈꾸고 있다.

차창에 비친 겨울 풍경

팽팽한 햇살 아래
산자락 아랫동네에 하얀 연기가 피어오른다.

산 그리메가
배고픈 듯 꼬르륵 꼬르륵
산마을로 내려오고
민둥산 능골마다
가을이야기가 쌓여있다

곧게 뻗은 3번 고속도로
동맥처럼 뻥 뚫린 터널 속으로 이어져
차창너미 바람을 가르며
빨려 들어간다

달리는 차창
살바람이 일 때마다
뒹구는 겨울이야기들 제 어깨 부대끼며
처연히 앓아눕는다

12월의 하얀 풍경 속으로.

안개꽃

혼자서는
웃을 수 없으며, 혼자서는
노래할 수도 없습니다

꽃과 꽃으로 어우러져야
웃음이 되고
기쁨이 되리니

받쳐주고
안아주고
때론 업어줘야 비로소
기쁨을 두 배로 보탤 수 있는
사랑

송이송이
하얀 겸손의 손길
아, 나의
애련한 사랑이여.

사랑이란

사랑이란
보이지 않아도
들리지 않아도
손에 잡히지 않아도 뜨거움이다

가슴으로 전해오는
참 쓸쓸했던 순간, 순간들도
모두가 사랑이려니

이 엄청난 사실 앞에 꼭
말해야하고
쥐어 주어야
사랑이라 할 수 있겠는가

사랑은
바람처럼
보이지 않아도
들리지 않아도
잡히지 않아도 부인할 수 없다

그러므로
잔잔한 가슴으로 전이되는
온기가
신실한 사랑이 아니겠는가.

설거지하는 행복

아내 서울 간 뒤
싱크대에 가득담긴 접시를 닦는다.

퐁퐁 두 방울을 묻혀 접시를 닦은 다음
수돗물 자르르 흘려 헹구다 보니
뽀드득뽀드득 접시가 촉촉한 노래를 부른다
순간, 닦아낸 자리에
접시의 깊은 속마음이 보이고
뽀시시한 얼굴도 보인다

동해의 짭조름한 바다와 갓 잡아 올린
자반고등어도 보인다
그릇 건조대에 나란히 기대고 선 접시들이
텃밭에 놀던 햇살과 바람도 불러 모은다
코끝을 스치는 해맑은 냄새
갓 목욕하고 나온 아내의 모습도 보이고
닳아 해진 어머니의 흘러간 손끝자국도 보인다

그래, 저녁엔
텃밭 뛰놀던 햇살 물러 앉히고
그 위에 시금치를 올려야지
한겨울 푸른 향기가 통통 뛰놀 접시,
벌써 입 안 가득
군침이 고인다.

은목서처럼 살고 싶다

나보다 한해 먼저 이사 온
우리 집 은목서, 봄부터 가을까지
깊은 땅속의 향기를 퍼 올려 나에게 보낸다
봄이면 연둣빛
세상사는 이야기 다 들려주고
비바람 부는 여름이면
아무도 가르쳐준 일 없는데
홀로 사는 법 가르쳐 준다
뜨거운 용광로의 계절을 건너 구월이 오면
온몸 틀어 피워낸 하얀 꽃
한 아름의 향기까지 선물로 준다
나는 이순이 넘도록 누구에게 무엇 한번 줘봤는가
지금까지 빈 가슴만 더듬어왔을 뿐
청영으로 옮겨와서도
뉘 어깨 한번 다독여 준 일 없다
그러니 은목서보다 못한 삶이 아니었던가
이제 남은 생은
은목서처럼 살고 싶다

이 세상 그늘진 곳에
싱싱한 미소의 향기를 보내는.

* 은목서 : 목서과 나무로 9월에 하얀 좁쌀 모양의 꽃이 피며 그 향기가 만리를 간다하여 만리향이라고도 한다

코스모스, 가을에 기대어

그랬다
느긋느긋 살 오른 햇살에
여섯 꽃잎의 한들한들 농염한
치맛자락이 나부낀다

여름 내내
노닐던 바람결에 풀어헤친
망사치맛자락 넉살떠는 바람 때문에 그만
숨긴 살빛 다 내어놓더니

봉긋한 가슴 풀어헤쳐
누구를 또 유혹하는 몸짓인가
막막한 길모퉁이에서 기다리다가
손 흔들던 바람

강나루 건너가면 그때서야
오지 않는 임을 생각하며
해종일 그렇게
춤을 추더니

영혼을 쓸고 가는 한줌 바람결에
넋 나간 여인처럼
일순간 붉은 눈물을
쏟는다.

청영의 향기로

버티칼 사이로 달빛이 꿈틀거린다.

자나온 생의 무게만큼이나
무거운 어깨
하룻밤도 버거웠지만
테라스를 거니는 달빛을 바라보노라면
더듬거리던 하룻길도 이젠
버겁지가 않다

오늘을 밟고 끝내 일어서려는 것은
새로운 인생의 시작이 여기에 있기 때문이고
서걱이는 가슴 다독이며
내일의 노둣돌을 놓는 것 또한 오롯이
희망이기 때문이다

이제는 아쉬움도,
애시러움도 먼 기억 속에서 지우자
그리하면 힘들었던 아픔도
내일의 희망으로 부풀 것이다

새 청영의 향기,
분명 내 어깨에 한 송이 꽃으로 피어나고
잃어버린 시간도 다시
보랏빛 향기의 희망으로
선명히 일어설 것이다.

장작불

누가 내 영혼에 불을 댕기는가

태어날 때부터 내 운명은
그러하지 않았거늘
말라버린 육신에 불을 댕겨
뜨겁게, 뜨겁게 용광로처럼 태우는가

일찍이 너덜경을 움켜잡고 몸부림치며
온갖 풍상 다 겪었는데
왜 이렇게
모진 삶을 살게 하는가

내 영혼 그대로 두어도
뜨거운 눈물이거늘
태우고 또 태워
뉘 등짝을 따습게 지피란 말인가

가엾도다, 내 인생
한 뼘 한 뼘 자랄 때마다 가슴속 옹이는

더 응어리졌는데 이제 와서
내 영혼에 불을 또 냉기는가

태양의 가슴아,
그럼 한줌 재로 남을 때까지 태워라
저 마른 땅
또 다른 이방인을 뜨겁게 지필
혼불아.

겨울들판

새하얀 세상이다

드문드문 어둠을 뚫고 하얀 세상으로
일어선 그루터기에
햇살이 인다

저 그루터기의 아랫세상도
차디찬 또 다른 시베리아벌판일까
냉기어린 어둠의 땅에도
북풍이 휘몰아칠까

농부의 어깨를 뭉개던
땅,
그 새하얀 세상의
들판으로
맵찬 바람이 훑고 간다

겨울들판은
언 땅을 녹이고 새순이 돋을 봄은

아직 멀었는데
가도 가도 끝없는 경계도 없는
하얀 순백의 자유
설국이다.

겨울밤의 그리움

어둠을 뚫고 쏟아지는
애시러운 눈물은 밤새 오시랍을 적신다
이순의 고갯마루
가슴 죄어오는 가늠할 수 없는 비련
밤이 지나도
피멍울로 남아있다
나무는 물과 바람으로만 사는가
촉촉한 땅이 있어야
뿌리를 깊게 뻗고 가지로 중심을 잡는 거지
혼자가 아니라고 했어도
끝내 혼자일 수밖에 없는 밤
절절한 상념 곱씹어 봐도
입안은 젖어오지 않고
숨어 울던 먹먹한 가슴팍은 왜
이렇게 쓰릴까
밤 허공에 소리 없는 외침만 메아리치고
언 가슴팍 틈새 사이로
맵찬 바람만 들락거린다
어떻게 해야 언 가슴 녹일까

가야할 길마저도 알 수가 없다
청영에서도 나래 펴시 못하는 새
이제 어디서 부활의 꿈을 꿀까
아침 여명에 매달린
생의 무게 때문에
눈물겨운 목어가 또 운다.

모과

잔설을 깔고 앉은
예춘정 앞에서
거만하고 곧은 절개의 모과나무를 본다

늦둥이로 함께 이사와
일찍이 마음 내려놓고 정착해버린 나무
늦은 만큼 흙 속 깊이
뿌리를 박고 섰다

한때는 올망졸망한 얼굴에
부드럽고 오묘한 심연의 맑은 향기와
무욕의 어깨 높이 세워
푸른 꿈을 키웠을 거고

시름고인 얼굴이 부끄러워
밤새워 눈물짓던 추억도 있었을 거다
하지만 이제는 폭풍우에도 꺾이지 않는
운명을 걸어야한다

밤이면,
강촌의 불안에서 뇌두도 없이
알몸으로 화려한 삶을 더듬었던
옛 추억도
이제는 잊어야한다.

5

차창에 비친 겨울 풍경

가을 텃밭에

한낮 통통 튀는
보석 같은 햇살이 텃밭에 쏟아진다.

튀는 햇살에
고추가 시퍼런 알몸을 붉게 태우고
풋콩들이 톡톡 튈 곳을 곁눈질 하고 있다
어디서 날아왔을까
이 상큼한 가을향기 한 줌
초록치마 걸친 배춧잎자락을 툭툭 치며
갈 길 재촉한다

슬픈 풀무치도
잠시 머물다 가는 텃밭에 내려앉은
저녁노을을 좀 봐
일 년 내내 지고 온 지친 날들이
일순간 쏟아지고

그 옛날

어머니 치맛자락 틀어잡던 가을 텃밭에
탱글탱글 영근 하루가
지그시 눈을 감은 채
그네를 탄다.

예춘정(禮春亭) 별마루에 앉아

예춘정 별마루에 앉아
저무는 한 해를 뒤돌아본다

元旦의 꿈은
과녁을 빗나간 화살처럼 흔적도 없고
세상엔 온통 할퀸 상처자국만 선명하게 남아
아물지 않고 있다

그런데 왜 한 성상은
굴렁쇠 굴러가 듯 굴러가버리는 걸까
손에 쥔 것이라곤 아무것도 없고
손가락 사이로 빠져나간 모래알처럼
그렇게 한 해가 또 지나갔다

현기증 나는 세월 앞에
옷 벗은 은사시나무처럼 앉아있어도
심장이 떨린다
그러나 마지막 끄나풀
힘껏 당겨봐야지 않는가

이제는 푸른 꿈 하나
내 좋아하는
은목서 가지 끝에 단단히 묶어놓고
희망의 노래
크게 외치리라.

*예춘정 : 나와 아내의 이름 첫 자를 딴 정자이름

나이값

나무도
심은 지 3년이면 철이 들어
은혜를 보답할 줄 안다, 하물며 사람이
어찌 그만 못하랴

남쪽의 바람은
나뭇가지에 연둣빛 눈을 틔우고
어두움은 밤하늘에 별들을
불러 모으는데

보라,
잿빛 구름이 마른 땅을 적셔
갈증을 달래주잖은가
새들은 또 벌레를 잡아 내일의
풍년가를 부르노니

나도 이제는
지나간 세월을 엮어 헐렁한

삶의 여백에 나이 값 무늬를 새겨놓고
남은 생 아이처럼 통통
뛰며 살고 싶다

나이값도 잊은 채.

바람꽃 연가

꽁꽁 언 영하의 계절에서도
이름 없는 바람의 끝자락 움켜쥔 채
밤새 그리움 밀어올린
애증의 그대

순백의 미소로
아린 향기 따라 맨 먼저
가슴을 열고 구구절절 그립다 말하는
가냘픈 너의 뽀송한 맨얼굴이 어쩌면
그토록 해맑은 모습일까

선잠 깬 나의 정원에
시나브로 푸르름이 싹틀 때면
일순간 흔적도 없이 봇짐 싸고 가는
슬픈 사랑아

우리
이 다음에 다시 만나거든
미운 정은 훌훌 털어버리고 오직

따스한 손길 하나로
사랑의 노래
마음껏 불러보자.

겨울, 소양강에서 몸을 풀다

아침 여섯시
어스름 속에서도 소양강 언덕배기에는
물안개가 피어오른다
잠을 토막 내고 소양강에 나와
아침 해가 뜨기를 기다린 지 한 시간
기온은 영하 22도로 곤두박질치고 있다
밖이 얼마나 추운지
코 터널이 얼고 눈가에도 하얀 서리가 성긴다
차 안의 히터는 무용지물,
가속페달을 밟아도 따뜻한 온기는 희망뿐이다
7시가 넘어서자 여기저기
하나 둘씩
자동차들이 모여들고
사람들도 저마다 웅성거린다
카메라 앵글에 대자연의 숨결 한 컷을 담는 것이
이리도 가슴이 뭉클한 걸까
아직 세상은 어둠속 깊은 잠에 빠져있는데
겨울이 소양강에서 몸을 풀고 있다
이른 아침 하얀 순백의 꽃

상고대로 몸을 푸는 것이다
강물의 꼬리보다 자동차 행렬의 꼬리가
더 긴 소양강,
그 언강 위로
수없는 카메라가 걸어가고 있다
저마다 눌러대는 셔터소리
얼어붙은 강의 이야기를
더듬고 있다.

빵집들의 전쟁

동네 빵집들마다 불이 났다
새로 들어온 빵들이
먼저 나온 빵들을 빼내가기 시작한 동네 골목길
한집 건너 빵집들이 들어서서
갓 구어 낸 뜨끈뜨끈한 빵들로
옆구리가 터지는 전쟁을 하고 있다
물밑으로
슬금슬금 소리도 없이 조용히
아주 조용히
숨통을 조이고 끊는
목숨 건 전쟁이 터진 것이다
누가 저들을 전쟁으로 내몰았는가
어느 누가 시킨 싸움인가. 그러나
전쟁은 이미 끝났다
싸워 보나마나다
무슨 말인지도 모르는
빠리바케트, 뜨레쥬르라는 신무기로 중무장한 채
골목을 집중 공격하니 뻔한 전쟁이 아닌가
조상 대대로 지켜온 골목길

뼈를 묻고 숱한 세월을 보내야하건만
이제는 더 이상 재래식 무기로는 버틸 힘조차 없다
박혀있던 빵들은 뇌사상태로
방어할 힘을 잃은 지 또한 오래다
그러니 거대한 고래가 새우 등터지는 줄을
어찌 알겠는가.

3월의 봄

3월의 맑은 하늘
햇살도 눈이 부시도록 시리다

우리 집 정원에도
마지막 한 줌
거친 바람이 지나고 나면
펑펑 앙다문 꽃망울 터지는 소리 들리겠지

털 가시 피운
야생의 꽃과 더딘
생명의 꽃도 피어날 것이고

나의 산책로를 따라
거멍거멍 다가오는 봄이
마지막 겨울의 포로로 잡혀있는 날에도
작은 친구들은
뽀얀 봄꽃을 틔울 것이다

이것이

젖은 내 가슴으로 전이되는
소소한
3월의 봄의 행복이다.

지리산

수줍은 듯
하얀 무명저고리 옷소매에
얼굴을 묻고
숨죽여 살피는
저 지리의 순수함을 보라

겨우 내내
알몸으로 칼바람 막아서다
지친 어깨 저마다 살며시 기댄 채
봄을 부르는 푸른 눈빛

누가 불러주지 않아도
뛰는 심장의 길을 내어 주고 저만치
돌아앉아 눈물짓는 그 모습이

아직도 아물지 않은 깊은 상처 하나
마지막 까지 부둥켜안고
내게 안부를 묻는
어머니시다.

어머니 기일에

모두 가고 없는 마상고개
남으로 난 기다림의 창을 열고
뜬 눈으로 보고 계시지요
어머니

못 잊을 그리움의 멍에
한평생 놓지 못한 호미로
삶을 캐내시던 그 모습이 지금도
눈에 아른거립니다

먼 하늘 끝에서
당신이 마련해 둔 그 집으로 오시지요
다섯 손가락 오늘도
잉걸불보다 더 뜨거운 참회의 눈물로
기다립니다

어머니 기일에
다섯 손가락이 모여 앉은
오늘 밤
당신의 얼굴에 주름을 지워봅니다.

望德山에서

태초부터
내 영혼이 머무는 곳이었다

무거운 욕망의 옷을 벗어던지고 오른 평전
그 진실의 땅,
망덕산은 지금도 그 자리에 서있다
섬진강을 안고 돌아앉은 경상도와
어머니 품안 같은 전라도를 거느린 채
남해를 호령한다

보라, 밤마다
망덕포구에 배 띄워놓고
새벽이 되어서야 노 저어가는 것을
야호! 하며는
앞 천왕산이 받아
다시 쳐 보내는 메아리
밤이면 남해바다에 뜬 별이
하늘의 별보다 더 많은 것을 보았는가

새벽 첫닭이 울면
뱃고동소리 아침을 깨우고
물보다 더 많은 별을 안고 흐르는 섬진강
그 강을 지키는 망덕산은
오늘도 말없이
그 자리를 지키고 있다.

* 망덕산 : 전남 광양시 진월면에 있는 산이름

춘설 2

스란치마 벗어놓고
훌쩍 떠났던 여인이
겨울 끝자락
된바람 타고 하얀 나비로 돌아오는 밤

초록 사랑은
잠 못 들어
밤새 꿈속을 헤매고 있다

잠시 멈춘 바람 앞에
사선을 그어대던 나비는 수직 낙화를 하고
禮春亭 별마루에 앉은 나비는
솜이불 한 채 짜고 있다

삶의 끝은
하나같이 떠나가는 것들뿐인데
왜 떠나갔던 여인은
밤으로 돌아오는 걸까

저 분분한
하얀 나비들 좀 봐.

* 禮春亭 : 작가와 아내의 이름을 따서 지은 정자

모시일편(母詩一便)

–마지막 어머니를 안다

무거워진 가슴팍에는 지금
당신이 있습니다
가시지 않고 영원히 안겨있어도 좋을
살아 숨 쉬는 영혼으로
말입니다

과거로 돌아가는 길은 이미 끊어졌는데
이제 어디를 가봐야 주름진
당신의 얼굴이라도 한번 볼 수 있고
마른 갈대 같은 손이라도 한번
잡아 볼 수가 있을까요

아직 코끝엔 젖내가 가득한데 벌써
한줌 흙으로 돌아가는 길
그 길에 찢어진 가슴이 마지막으로
당신을 안아봅니다

부디 창망한 하늘나라
당신이 그렇게도 가고 싶어 했던 그 세상에서
붕새처럼 큰 나래 펴고
천년만년 사소서

어머니,
마지막 당신을 목이 메이도록
불러 봅니다.

관계(關係)

겨울 속의 봄
공원 벤치에 두 사람이 앉아있다

서리꽃 핀 머리에
간간히 검은 새치머리
여든을 넘은 듯한
뒷모습인데

돌아보니
얼굴은 팽팽한
소년소녀다

마음이 고와서 일까
정이 깊어서 일까
서리꽃으로 곱게 물든
두 사람

나도 늙어
저러했음 좋으련만.

가로등 2

하루가 저무는 골목길에
어둠의 그림자를 지우고 서있다
전생에 무슨 잘못이라도 있는 건지
고개 숙인 채 눈만 껌벅인다
아프지도 않는 육신에
알 수 없는 숫자의 파스만 덕지덕지 붙이고
세상의 때 묻은 소리와
청영동 맛깔 나는 옛 이야기도 엿들으며
언제나 어둠만을 먹고 사는
저 가로등
어둠의 강가에서
밤새도록 썼다 지우고 지웠다 또 다시 쓰는
수많은 사연의 시를 쓰고
때론 노래도 부르며
누가 가르쳐 주지 않아도
저 홀로 시인이 되고 가수가 되는 것이다
젊은 날 자신을 채찍하며 달려왔던
방황의 언덕을 더듬더듬
더듬고 있는 것이다.

가을 2

가을은 불길을 타고 온다

저 높은 산꼭대기에서
시작한 불은
아래로,
아래로 설멍설멍 내려온다

타는 산의 살 냄새에
사람들은
위로 위로만 고집하며 오른다

가을은 왜
높은 곳에서 오고
봄은 낮은 곳으로부터 오는가

하룻밤이면
그 먼 길을 횃불 들고 달려오는지
세상은 온통 불길 속에
헉헉 거린다

연기도 없이 붉게 타는 불꽃
가을이다.

욕심(慾心)

행복 속에 살면서도
행복을 찾아 헤맸고
땅위에 살면서도
언제나
땅을 찾아 헤매고 있는 사람들

이제나 저제나
행복을 찾아 거리를 뒤척이고
더 많은
현금을 움켜쥐려 끝까지
목숨을 건다

보라,
욕심은 하늘 끝에 있는 것이 아니고
네 깊은
마음속에 있는 것

그 욕심의 그릇을
미련 없이

비워야 산다

그게
네 삶의 진실이거늘.

붕새처럼

아득한 전설 속
눈부신 한 마리 새로 날아와
서녘하늘 노닐다
이내 어둠 속으로 사라지는
너

해종일 도도한
햇살이 시간을 건너뛰는 서쪽
선홍빛 광채가
저토록 아름다운 생일까

피안의 세계,
닫힌 가슴마다 곱게 피어나는
하루의 꿈을 거둘 때쯤이면
간간히 붉게 홰치는
날갯짓과

어스름 내린
청영의 산마루에서

제 몸 붉게 태워 하루를 다독이는
황홀경이다

이제부터는
내 삶도 저 붕새처럼 살고 싶다.

* 붕새 : 전설 속의 새

남한강의 겨울

쩡쩡, 햇살이
겨울 강을 건너가는 소리 듣는다
얼어붙은 아침의
맑고 투명한 빛깔도 본다

겉으론 매몰찬 척 날 세운 햇살이
언 강을 가로질러가는 소리지만
가만히 귀 기울여보면
봄을 부르는 소리다

그 소리 끝을 따라가 보면
밤새 나뭇가지마다 상고대 서리서리 피고
강은 겨울의 꽃소식을 전하면서
주머니 속 봄을
만지작거리고 있는 것이다

정오로 가는 시간
햇살은 더 빠르게 나뭇가지를 흔들어

하얀 꽃잎 훌- 훌 털어내며
봄을 부르고 있는 것이다

그것은
겨울, 남한강의 본성이며
마침내 차가운 바람을 돌리는
몸짓이다.

무등산

화순에 오면
어머니 한 분이 계신다
밤낮없이
아무리 짓밟고 파헤쳐도
그저 말없이 다 받아주시는 내 어머니
마음이 허전해 달려가면
포근한 가슴으로 얼싸안아주시고
겨울 꽃 보고 싶어 찾아가면
어서 오라, 반겨주시는 어머니
봄맞이 가는 날이면
어김없이 꽃밭 내어주시고
가을이면 억새바람으로 땀을 씻어주신다
겨울이 오면 나뭇가지마다
송이송이 눈꽃 피워 주시고
5월이면 가슴으로
광주의 아픔까지 다독이신다
우리가 평생 기대고 살아가야 할
그 무등산은 내 어머니시다
일월이면 억새머리 하얀 장불재 너머

계신 듯 아니 계신 듯 말도 없이
누워 계신다
화순에 오면 보이는
어머니시다.

나팔꽃 3

꽃잎에 구르는
아침이슬,
꽃이 지고 나서야
네 눈물인 것을 알았다

하루뿐인 생,
차라리 피지나 말 것을

어찌
세상을 빙- 빙 돌아
새벽을 깨운 뒤
끝내

한나절도
제대로
건너뛰지 못하는
아쉬움인가

아,
안타까운 사랑이여!

청영(鶄鴒)에서 부는 바람

송 수 권
(시인, 전 순천대 교수)

1. 청영(鶄鴒)은 어디에 있는가?

중국 당나라 때 나온 비형서 사공도(司空圖)의 시품(詩品)에는 글 한 자 쓰기도 전에 풍류를 온통 얻는다(不著不字盡得風流)라는 말이 있다. 이를 다른 표현으로 한다면 수기치인(修己治人)으로서의 삶을 말한다

현재 그가 관직에서 물러나와 시품(詩品)을 다스리며 살고 있는 곳은 청영(鶄鴒) 이라는 까치 울음소리가 들리는 그윽한 처소다.

청영에 오면 길이 보인다

망태봉 아래
깊고, 넓은

자연으로 돌아가는 길

이 세상 마지막 남은 순수 그대로인
청영골,
학의 날갯짓 차오르고
유성의 잔영 흐드러지게 쏟아져 내리는

무등을 안고
너릿재 영마루 넘어오면
청영으로 가는 길이 보이는데

그곳은
자연의 유산이 그대로 살아있는
때 묻지 않은 꿈의 궁전이다.
-「길, 그 청영으로」 전문

시인은 이 길을 찾아 손수 집을 짓고 텃밭을 일궈서 지금 아늑자늑하게 살고 있다. 이는 topohilia로서의 장소애가 되며 힐링으로서의 캠프가 된다. 그래서 청영에 오면/ 왜 백로들이 날아드는지를 안다//고 안분자족을 말한다.

즉 하늘엔 바람이 흐르고 땅엔 물이 흐르는 풍류공간으로서의 삶을 시품(詩品)으로 갈구어 가고 있는 것이다.

청영에 오면은
하늘의 뜬구름 조각들 모여들고

손과 손을 잡아보면
촉촉한 온기와 애정이 멍울멍울 전해오는 걸
느낄 거다

아침이면
꿈을 안고 비상하는 새들의 날갯짓과
이름 없는 꽃들마다
싱싱한 향기 피워내 어우러지고
연리지처럼 서로 보듬고 하나 되어
한겨울도 뜨겁다는 걸 알거다

그리하여
청영의 하늘에
행복의 꽃 하나씩 피워낼 거다.

-「청영에 오면은」, 3,4,5 연

청영은 어디에 있는가?

청영은 공간과 시간을 넓히며 화순군 이양면에 있는 시인의 처소로서 원적벽과 물염적벽(勿染赤壁)과는 지척에 있는 남도 풍류문화 1번지가 되는 공간에 있다.

무등산 서쪽 계곡을 넘으면 바로 소쇄원의 원림 곳간인 정자 골로서 남도 풍류의 맥을 이어받아 영산강(금강풍류) 또는 자산어보(慈山魚譜)의 기름진 물목이 되기도 한다.

2. 골짜기에 숨어사는 여신은 누구인가?

윤예주 시인의 시는 자연을 배경으로 한 일상의 삶속에 코드가 찍혀있다. 그가 경험하고 누비는 공간과 시간은 일상 속의 체험공간으로 지극한 향토성을 드러내기도 한다.

즉 어질머리 나는 현대 도시성의 긴장이나 과장이 없는 자연의 순리에 귀속되는 삶으로서의 화해다. 그러므로 그의 시는 따뜻하고 순명할 수밖에 없다.

하나의 물방울이
낮은 곳으로 모여 사는 삶
흐르는 것을 운명처럼 여기며
허리춤 묶어 은밀한 곳으로 흐른다.

옹달샘에서
봇도랑에서 한 방울의 물로 처음 시작하여
거대한 둑을 타고 간다
끈 하나 없이도 큰 바다를 향한
소박한 몸짓,

흐르며 부르는 노래는
하늘의 물새들 부르는 소릴까
아니면 행복에 겨워 추는 몸짓일까
모였다 흩어졌다 모이는 하나로 몸 섞어

흐르는 강, 때론
황톳빛 성난 야성으로
잔잔한 침묵의 여인으로도 흐른다

시원에서부터 그저 바다로의 꿈을 꾸며
갈증 난 사슴의 목을 적셔주고
쩍쩍 갈라진 땅의 가슴도 어루만져주는
자선냄비로 흘렀을 저 강을
우리 닮을 순 없을까.

-「강(江)」 전문

위 시는 물의 공덕을 알레고리(allegory)로 드러낸 시다.

물의 순환성을 철학의 체계성으로 드러낸 이로는 노자가 있다.

노자 8장의 상선약수(上善藥水)는 일상의 진실을 드러내는 상도(常道)와 같다. 5연에서 보는 바 전체 흐름의 강을 역으로 추적한다면 물은 가장 낮은 곳에 처하기를 좋아한다.

거선지(居善地)는 물의 수용성을 말하고 있다. 그래서 강을 닮는 물의 순환성이 즉 겸손의 미덕으로서 온갖 더러움까지도 다투지 않고 받아내는 강-바다의 진실을 주제로 드러내고 있다.

강의 시원은 1연에 보이는 하나의 물방울로부터 시작된다. 노자는 이 물방울이 흘러 넘치는 옹달샘(2연)을 6장 곡신불사(谷神不死)의 장에서 은유체계를 완성하고 그 골짜기에서 옹달샘을 만들어 바다에까지 이르는 도정－순환의 원리를 말하면서 이를 주관하는 여자의 이름을 현빈(玄牝)이라고 까지 명명하고 있다.

현빈의 아랫문이여!

아름답구나, 하늘과 땅의 뿌리여! 시위현빈지문, 천지근(是謂玄牝之門, 天地根)이라고 물의 순환성을 노래한다.

그래서 현빈은 골짜기의 여신(女神)으로서 결코 죽지 않는다 (谷神不死)라고 말한다. 공자와 맹자가 仁, 義, 禮, 智로서 치세(治世)의 원리를 드러낼 때 그는 무위자연으로서의 곡즉전 (曲則全)으로 삶의 원리를 드러낸다. 즉 "곡선은 완전하다"고 말한다.

위의 시를 체계적으로 분석해 본다면 1연에서는 현빈이 만들어내는 "물방울" - 2연에선 "옹달샘" - 3연에서는 "강" - 4연에서는 대지를 적시는 생산성의 원리를 밟고 있다. 특히 3연에 나오는 "침묵의 여인"에 주목하기 바란다.

노자는 5천언(道德經)을 한 마디로 정리하라면 곡선의 원리인 곡즉전(曲則全) - 즉 곡선은 완전하다는 곡선의 미학이 그것이다.

노자는 이 곡선을 두고 끊길 듯 끊길 듯 끊어지지 않고 바다에 까지 이어진다고 감탄한다. 그래서 청영은 어디인가?

시인은 자기가 머무는 공간을 찾아 청영은 어디에 있는가라고 다시 묻기에 이른다.

3. 자연을 배경으로 삶의 코드 찍기

위에서 살핀 내로 그의 삶은 노자의 6장 곡신불사(谷神不死)의 장, 그리고 8장인 상선약수(上善若水)의 장을 실행하는 삶의 코드로 그의 시는 요약된다. 도시적 공간의 고민을 짊어지는 것이 아니라 풍류공간을 누비는 고민 없는 행복한 詩 쓰기가 곧 윤예주의 언어다. 곡선은 현빈(어머니)의 자궁 속으로 들어가는 모태(고향)의 시골길이지만 직선은 죽음으로 가는 線(고속도로)이다.

시인 또한 추구하는 삶의 길은 "느리게 산다는 것"의 의미를 규정해 가는 것을 시 쓰기의 한 방법으로 선택하고 있다.

> 팽팽한 햇살 아래
> 산자락 아랫동네에 하얀 연기가 피어오른다.
>
> 산 그리메가
> 배고픈 듯
> 산마을로 내려오고
> 민둥산 늑골마다
> 가을이야기가 쌓여있다

곧게 뻗은 3번 고속도로는
동맥처럼 뻥 뚫린 터널 속으로 이어져
차창너머 바람을 가르며
빨려 들어간다

달리는 차창
살바람이 일 때마다
뒹구는 겨울이야기들 제 어깨 부대끼며
처연히 앓아눕는다

12월의
하얀 겨울 풍경 속으로.

-「차창에 비친 겨울 풍경」 전문

위의 차창으로 내다본 사계의 풍경 또한 시골길이며 그 순환은 살아생전 두보(杜甫)가 누비고 갔을 청강일곡 포촌류(淸江一曲抱村流)의 "강촌" 마을 풍경임직하다. 직역하면 맑은 "강 한 줄기가 마을을 감싸고 흐른다"이다. 다음 댓구는 장하강촌 사사유(長夏江村事事幽)다. 즉 "길고 긴 여름의 강촌마을은 그윽한 일도 많다"이다. 지금 소개하는 곡선의 풍경은 시인이 살고 있는 적벽풍류로 요약되는 "청영(鶄鴒)"이라는 산골짜기 마을이다.

두보의 시 "강촌"에서 하는 일마다 그윽한 유연함이 많다 (事事幽)고 지적했듯이 이 적벽풍류는 바로 조광조의 도

학정치의 맥이 끊긴 자리고 떠돌이 김삿갓의 지팡이가 묻힌 곳이기도 하다.

바로 남도풍류의 1번지가 그가 삶을 구가하는 "청영"이라는 토포폴리아다.

"아내 서울 간 뒤/ 싱크내 가득 담긴 접시를 닦는다."고 "설거지하는 행복"론에서 "텃밭에 놀던 햇살과 바람도 불러 모은다"라고 노래한다.

또한 청영은 양산보(조광조의 문인)가 적벽풍류를 넘어 산골짜기 하나에 한국 최초의 원림공간을 구축 "계산풍류"를 이룬 본향이기도 하다.

4. 은목서처럼 살고 싶다

나보다도 한해 먼저 이사 온
우리 집 은목서, 봄부터 가을까지
깊은 땅속의 향기를 퍼 올려 나에게 보낸다
봄이면 연둣빛 세상사는 이야기 다 들려주고
비바람 부는 여름이면
아무도 가르쳐준 일 없는데
홀로 사는 법도 가르쳐 준다
뜨거운 용광로의 계절을 건너 구월이 오면
온몸 틀어 피워낸 하얀 꽃
한 아름의 향기까지 선물로 준다

나는 이순이 넘도록 누구에게 무엇을 한번 줘봤는가
지금까지 빈 가슴만 더듬어왔을 뿐
청영으로 옮겨 와서도
뉘 어깨 한번 다독여 준 일 없다
그러니 은목서보다 못한 삶이 아니었던가
이제 남은 생은
은목서처럼 살고 싶다
이 세상 그늘진 곳에
싱싱한 미소의 향기를 보내는.

-「은목서처럼 살고 싶다」 전문

위의 시「은목서처럼 살고 싶다」는 그의 아포리아가 되는 시다.

살림처소 공간을 지키며 풍류의 맥이 끊긴 자리에서 새로 詩品을 일구고 싶어 하는 욕망에서 써진 시다. "이제 남은 생은/은목서처럼 살고 싶다"라고 그는 말한다. "세상 그늘진 곳에/ 싱싱한 미소의 향기를 보내는." 꽃이 피면 그 향기가 만 리 곡선을 타고 흐른다는 은목서, 그가 살고 있는 풍류공간이 그립기만 하다.

시인은 은목서를 심어놓고 풍류광간의 문학, 텃밭을 새로 일구고 싶어 지금 동분서주하고 있다.

"남도 풍류문학의 1번지"를 일구어 내기 위해서는 누군가 짊어지고 나서야 할 임무가 그의 어깨에 놓여 진 셈이다.

하늘엔 바람길이 서고 땅엔 물길이 서야 곡신(谷神)은 새로 살아나기 때문이다. 이 혼란스럽고 진창 같은 시대의 삶을 대처해 나가는 방법은 아무래도 풍류정신 밖에 없는 것 같다.

그래서 검약과 절제로 다스려진 남도 풍류정신이 한 시대의 유물로 치부되지 않고 적벽풍류에서부터 새로운 글 바람이 일어나기를 개대하는 바가 크다.

곡선은 천사가 만든 線이고 직선은 악마가 만들어낸 문명의 線이다. 한때 적벽풍류와 정자골인 계산풍류가 충돌하여 역사에 오점을 찍기도 한 것을 감안한다면 새로운 文風을 불러 일으켜야 할 절실함도 당연하다. 그런 어느 날엔 은목서의 만리향을 찾아 나 또한 그의 집에 이르고 싶다. 문사(선비)의 본(本)은 처(處)요. 출(出)은 말(末)이기 때문이다.

본말(本末)이 전도되었다는 말은 여기에서 유래한다.

적벽풍류와 계산풍류의 본말을 교훈삼아 배제와 수용의 원리를 확실히 다지면서 詩品이 완성되기를 빈다.

윤예주 시집
청영에서 부는 바람

2015년 4월 23일 인쇄
2015년 5월 3일 발행

지은이 | 윤 예 주
펴낸이 | 강 경 호
인쇄 · 기획 | 도서출판 시와사람
등록 | 1994년 6월 10일 제 05-01-0155호
주소 | 광주시 동구 백서로 125번길 32-5(금동)
전화 | (062)224-5319, 227-5319
팩스 | (062)225-5319
E-mail | jcapoet@hanmail.net

ISBN978-89-5665-409-6 03810

값 10,000원

· 이 책은 제작비 일부를 전라남도문화재단의 지원을 받아 제작하였습니다.

공급처 ■ 한국출판협동조합
경기도 파주시 탄현면 오금리 202번지
주문전화 (02)716-5616, 070-7119-1740